La planète Terre

Leonie Pratt

Maquette : Zöe Wray

Illustrations : Andy Tudor

Illustrations supplémentaires : Tim Haggerty

Expert-conseil : Gillian Foulger, département des Sciences de la Terre, université de Durham

Pour l'édition française : Traduction : Caroline Slama

Rédaction : Renée Chaspoul et Nick Stellmacher

Sommaire

Quelque part dans l'espace

La planète sur laquelle tu vis s'appelle la Terre. C'est l'une des huit planètes qui tournent autour du Soleil.

Les scientifiques pensent que la Terre est la seule planète habitée par des êtres vivants.

Découvrons la Terre

On peut vivre sur la Terre parce qu'on y trouve la bonne quantité de chaleur, d'air et d'eau.

Le Soleil chauffe notre planète.

Tous les êtres vivants, humains, animaux et plantes, ont besoin d'air pour respirer.

Plus de la moitié de la surface de la Terre est recouverte d'eau. Tous les êtres vivants en ont besoin pour vivre.

Le centre de la Terre est appelé le noyau. La température y est très élevée.

Autour du noyau se trouve le manteau. Les roches qui le composent sont si chaudes qu'elles sont un peu molles.

Le manteau est recouvert d'une fine couche de roche dure. C'est la croûte terrestre.

La Terre en mouvement

La croûte terrestre est composée de plusieurs plaques.

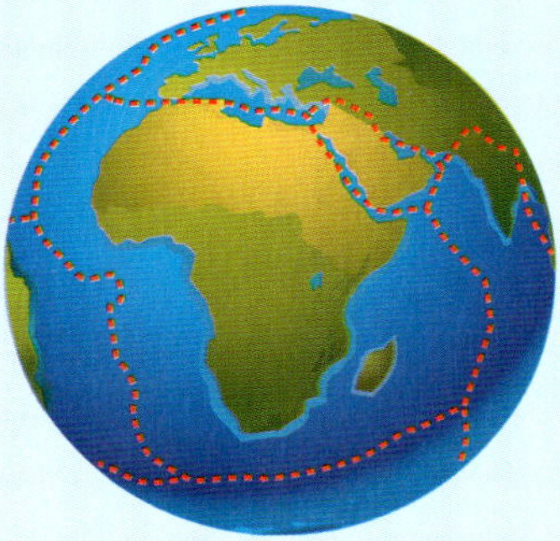

Ces plaques s'emboîtent tout autour de la Terre.

Elles se déplacent autour d'elle très lentement.

L'endroit où ces plaques glissent l'une contre l'autre s'appelle une faille.

Les plaques se déplacent le long des failles, mais il arrive qu'elles se heurtent.

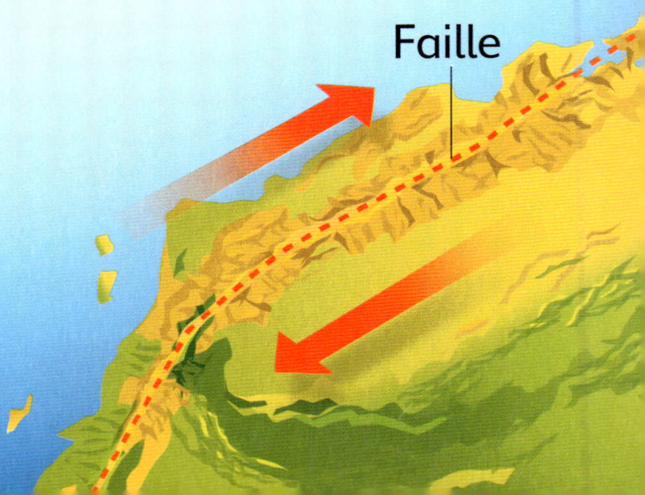

Les plaques peuvent alors passer l'une au-dessus de l'autre. La terre se met à trembler et à se fissurer. C'est un tremblement de terre.

Les gros tremblements de terre peuvent détruire des immeubles et des routes.

Il y a même des « tremblements de terre » sur la Lune. On les appelle tremblements de lune.

De hautes montagnes

En bougeant, la croûte terrestre pousse doucement le sol vers le haut pour former de hautes montagnes rocheuses.

Voici une photo des Alpes. Il leur a fallu des millions d'années pour atteindre cette hauteur.

Certaines montagnes, comme la chaîne de l'Himalaya, grandissent encore chaque année.

La cime des montagnes reste enneigée parce que l'air est froid en altitude.

Les chèvres de montagne ont besoin d'un pelage épais pour avoir chaud.

Les volcans

Il arrive que la roche chaude du manteau s'infiltre dans les fissures de la croûte pour s'échapper à la surface et former un volcan.

Voici un volcan en éruption.

On appelle lave la roche chaude qu'il rejette.

Certains habitants d'Hawaï croient que la déesse du feu vit dans un volcan.

Il existe différents types d'éruption.

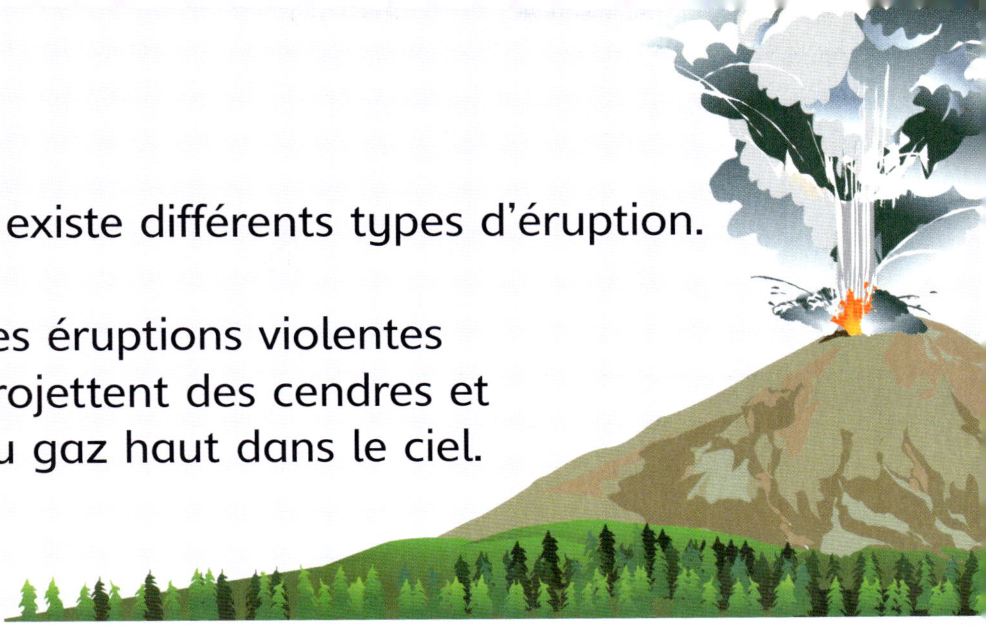

Les éruptions violentes projettent des cendres et du gaz haut dans le ciel.

Les volcans crachent parfois des morceaux de lave chaude et visqueuse.

Certains volcans rejettent de la lave liquide à travers une longue fissure dans le sol.

Les roches du monde

Le sol de la Terre est entièrement fait de roches. Il en existe trois principaux types.

Les roches métamorphiques ont été cuites dans les profondeurs de la croûte terrestre, où il fait très chaud.

Les roches ignées se forment quand la lave d'un volcan refroidit à l'air et durcit.

Les pierres précieuses, comme les diamants, les rubis et les émeraudes, se trouvent à l'intérieur des roches.

Les roches sédimentaires sont faites de couches de boue ou de sable entassées les unes sur les autres. Ces différentes couches leur donnent un aspect rayé.

Les rivières

Quand il pleut ou qu'il neige en montagne, les roches dures ne peuvent pas absorber toute l'eau. Elle coule donc des hauteurs pour former un petit ruisseau.

Les ruisseaux se réunissent en une grande rivière.

Celle-ci poursuit ensuite sa descente jusqu'à la mer.

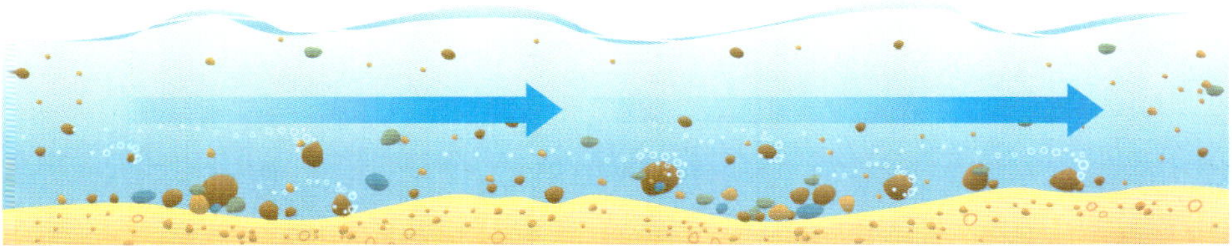

Une rivière rapide ramasse beaucoup de pierres et de cailloux au fond de l'eau.

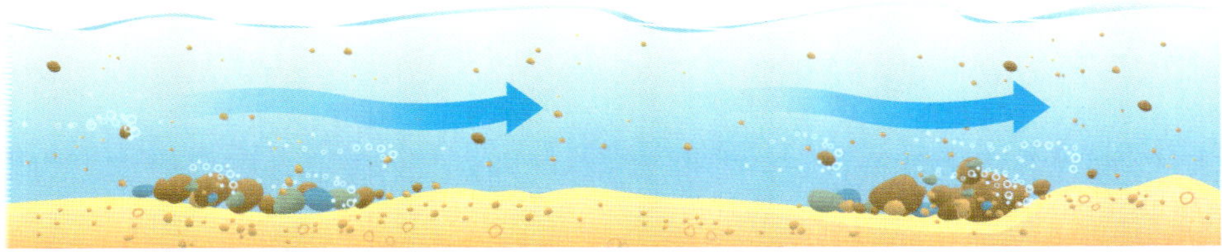

Si elle ralentit, les pierres lourdes retombent, mais les petites continuent leur chemin.

Arrivée à la mer, elle ralentit beaucoup et abandonne presque tout ce qu'elle transporte.

Le Nil, en Afrique, est le plus long fleuve du monde. Il est tellement grand qu'on le voit de l'espace.

L'érosion

En coulant sur le sol, les rivières modifient la forme du paysage.

Sur leur chemin, elles ramassent des pierres et de la terre.

Les pierres se cognent au lit de la rivière et laissent un sillon dans le sol.

Au bout de plusieurs années, la rivière finit par creuser une vallée au fond.

Voici le Grand Canyon, aux États-Unis. Il a fallu des millions d'années à la rivière pour creuser cette gorge profonde.

Des grottes souterraines

Toutes les rivières ne coulent pas sur le sol. Certaines coulent en dessous. Les rivières souterraines peuvent ronger la roche et former des grottes.

Les stalactites pendent du plafond de la grotte.

Les stalagmites, elles, se forment sur le sol.

La formation des stalactites et des stalagmites a pris des milliers d'années. Elles sont dues aux minuscules grains de roche rapportés dans la grotte par l'eau ruisselante.

Les murs de certaines grottes sont décorés de peintures vieilles de milliers d'années.

Un froid de glace

Une partie de l'eau de la Terre reste gelée presque toute l'année.

L'Antarctique est l'endroit le plus froid du monde.

Le sol est recouvert de glace. Des icebergs flottent dans la mer.

1. La glace recouvrant le sol avance sur la mer et flotte.

2. Les mouvements de la mer finissent par fendre la glace.

En Antarctique, il fait si froid en hiver que même la mer finit par geler.

3. La fissure grandit et un bloc de glace se détache.

4. Le bloc s'éloigne sur la mer et forme un iceberg.

Les côtes

La côte est l'endroit où la terre rejoint la mer.

Le sable est constitué de morceaux de coquillages et de roches. La mer les broie en minuscules grains qu'elle dépose sur la rive.

Les vagues s'écrasent contre les falaises et usent la roche pour former une arche.

Le dessus de l'arche tombe dans l'eau, laissant un éperon dans la mer.

Ceci est un éperon.

Certaines plages sont recouvertes de sable noir, qui est composé de roches volcaniques.

Les profondeurs de la mer

Mers et océans recouvrent plus de la moitié de la Terre. Ils sont peuplés d'êtres vivants.

De nombreux animaux vivent près de la surface, car il y a de la lumière et l'eau y est plus chaude.

Plus bas, il fait plus sombre et plus froid. On y trouve moins d'êtres vivants.

Les cachalots plongent en profondeur pour chercher des calmars à manger.

Les scientifiques utilisent des sous-marins comme celui-ci pour plonger dans la mer et explorer les fonds marins.

Certains poissons des profondeurs brillent dans le noir pour attirer de plus petits poissons... et les manger !

Des déserts de poussière

Les déserts sont les endroits les plus secs de la Terre. Il y pleut très rarement. Le sol y est sec et poussiéreux.

Le désert du Sahara, en Afrique, est l'un des plus grands du monde.

1. Même dans le désert, les roches souterraines retiennent de l'eau.

2. Au bout d'un certain temps, elle s'accumule pour former un bassin.

Les animaux du désert restent cachés sous terre pendant les chaudes journées et sortent la nuit pour se nourrir.

3. Des plantes vont alors pousser autour du bassin. C'est une oasis.

4. Les voyageurs qui traversent le désert s'y arrêtent souvent.

Une Terre extraordinaire

La planète Terre est un endroit incroyable...

Le Groenland est la plus grande île du monde.

Les chutes de l'Ange, au Venezuela, sont les plus hautes du monde : elles font 979 m !

Dans certaines parties du désert d'Atacama, au Chili, il n'a pas plu pendant 400 ans.

Le mont Everest est l'endroit le plus élevé du monde. Il mesure 8 850 m.

L'endroit le plus profond du monde, dans la fosse des Mariannes, est à 11 000 m sous la mer.

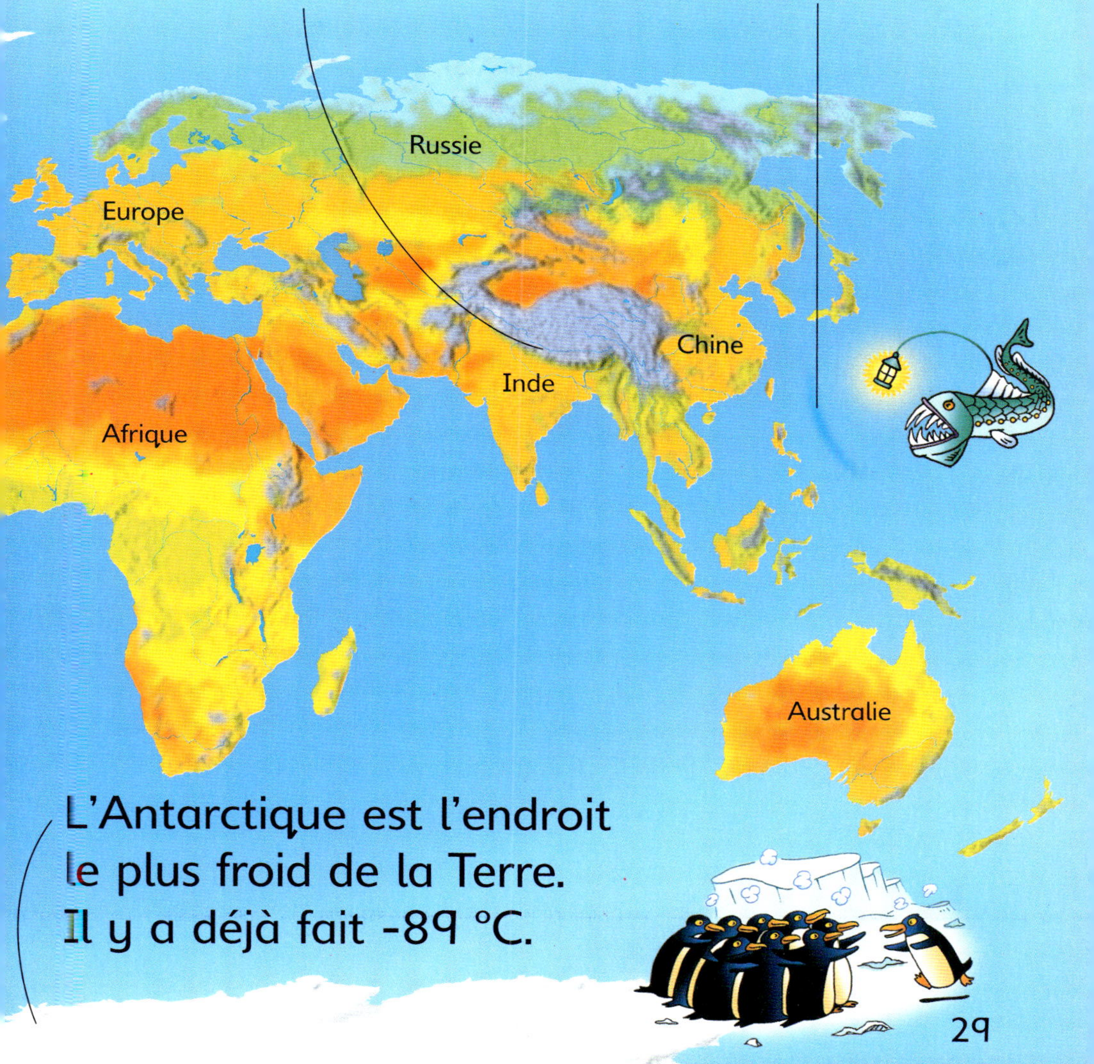

L'Antarctique est l'endroit le plus froid de la Terre. Il y a déjà fait -89 °C.

Vocabulaire de la Terre

Voici quelques-uns des mots utilisés dans ce livre, avec leur définition. Peut-être ne les connaissais-tu pas.

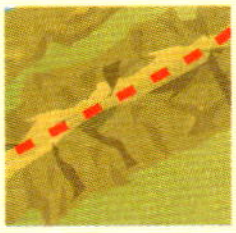

faille : lieu où se rencontrent deux morceaux de croûte terrestre.

éruption : lorsque de la roche chaude s'échappe d'un volcan.

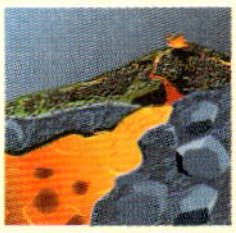

lave : roche brûlante fondue qui s'écoule d'un volcan.

gorge : vallée profonde et étroite, qui a été creusée par une rivière.

iceberg : grosse masse de glace flottante, dont une grande partie est sous l'eau.

désert : endroit où il pleut très rarement au cours de l'année.

oasis : dans le désert, bassin formé par l'eau qui est remontée du sous-sol.

Sites Web

Si tu as un ordinateur, tu peux chercher sur Internet d'autres informations sur la Terre. Sur le site Quicklinks d'Usborne, tu peux déjà te connecter aux quatre sites suivants :

Site 1 : Découvre les différents types de roches.

Site 2 : Amuse-toi avec les volcans.

Site 3 : Feuillette un album photos qui présente des animaux du désert.

Site 4 : Découvre le système solaire et retrouve la place de chaque planète, dont la Terre.

Pour accéder à ces sites, connecte-toi au site Web Quicklinks d'Usborne sur **www.usborne-quicklinks.com/fr**. Lis les conseils de sécurité et tape le titre du livre. Les sites Web sont examinés régulièrement et les liens donnés sur le site Quicklinks d'Usborne sont mis à jour. Les éditions Usborne déclinent toute responsabilité concernant la disponibilité ou le contenu de tout site autre que le leur. Nous recommandons d'encadrer les enfants lorsqu'ils utilisent Internet.

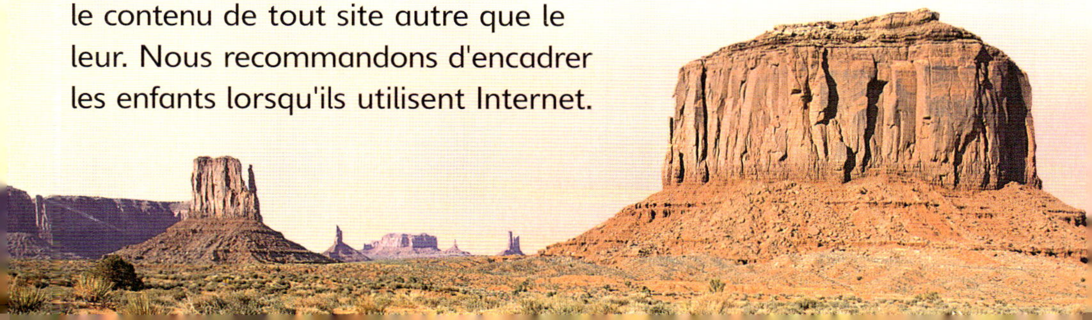

Rochers à Monument Valley, aux États-Unis.

Index

Remerciements

Illustrations supplémentaires : Helen Wood et Erica Harrison
Carte pages 28-29 : Craig Asquith, Europen Map Graphics Ltd.
Manipulation photo : John Russell

Crédit photographique

Les éditeurs remercient les personnes et organismes suivants pour l'autorisation de reproduire leurs documents : © **BRUCE COLEMAN INC./Alamy :** couverture ; © **Digital Vision :** 31 ; © **Frans Lemmens/zefa/Corbis :** 26-27 ; © **Gabe Palmer/CORBIS :** 1 ; © **Henry Westheim Photography/Alamy :** 7 ; © **image broker/Alamy :** 18-19 ; © **Jim Sugar/Corbis :** 10 ; © **Joel Simon/Digital Vision :** 20-21 ; © **Joseph Sohm/Visions of America/Corbis :** 13 ; © **Marc Garanger/CORBIS :** 8-9 ; © **Michael Howard/Alamy :** 22-23 ; © **NASA :** 2-3, 5 ; © **Photographie par Rod Catanach, Woods Hole Oceanographic Institution :** 25 ; © **Ron Watts/CORBIS :** 17.

Tous les efforts ont été faits pour retrouver et remercier les propriétaires de copyright. L'éditeur s'engage à rectifier toute omission éventuelle, s'il en est informé, dans toutes rééditions à venir.